LA GRANDE IMAGERIE

LES BATEAUX

Conception
Émilie BEAUMONT

Texte
Agnès VANDEWIELE

Images
John DOWNES

FLEURUS

GROUPE FLEURUS, 15-27, rue Moussorgski, 75018 PARIS
www.editionsfleurus.com

LES PREMIERS BATEAUX

Pour pêcher, chasser, traverser fleuves et lacs, les premiers hommes ont inventé des embarcations pouvant flotter sur l'eau. Les premières étaient des pirogues creusées dans des troncs d'arbre, des radeaux en bois, des planches soutenues par des sacs de peau gonflés d'air (outres), des barques de roseaux ou de papyrus. On faisait avancer ces embarcations à l'aide d'une perche ou d'un aviron. 2 000 ans avant J.-C., les Crétois et les Phéniciens construisent des navires marchands munis d'une voile. Avec les voiles apparaissent de nouvelles tactiques militaires : en coupant le vent à l'ennemi on l'empêche de manœuvrer.

La galère romaine

La galère, longue et étroite, était surtout destinée au combat. Apparue au VIe siècle av. J.-C., utilisée par les Grecs, les Phéniciens et les Romains, elle était gréée d'une voile et, à l'arrière, un aviron de queue faisait office de gouvernail. L'avant était prolongé par un éperon d'abordage : le rostre. Il existait plusieurs types de galères : les dières avaient 2 rangées de rameurs, les trirèmes 3 rangées, et les quinquérèmes, pouvant atteindre 50 m de long, comptaient 5 rangs de rameurs. L'une des plus grandes, construite à Alexandrie au IIIe siècle av. J.-C., avait 4 000 galériens ! Les galériens étaient des esclaves ou des condamnés.

Lors des combats, les galères enfonçaient leurs éperons dans les coques des galères ennemies et les archers lançaient des javelots et des lances. Les galères pouvaient atteindre environ 16 km/h.

Le drakkar

Les Vikings, ces marins guerriers venus de Scandinavie aux IXe et Xe siècles, sillonnaient les mers sur leurs drakkars, des grands voiliers, longs de 20 m dont la coque était faite de planches se recouvrant les unes les autres, comme les tuiles d'un toit. Le mât portait une grande voile de toile carrée. Les Vikings ramaient, assis sur leurs coffres. À l'arrière, une grande rame servait de gouvernail. Naviguant bien loin de chez eux à bord des drakkars, les Vikings ont envahi la Normandie et remonté la Seine. Ils ont traversé l'Atlantique, colonisé l'Islande et le Groenland, et pénétré en Russie.

La barque de papyrus ▶

Dans l'ancienne Égypte, le bois était rare. Aussi construisait-on de petites embarcations avec des bottes de papyrus qui poussaient dans les marais. Le papyrus étant fragile, ces embarcations n'étaient pas plus grandes qu'une barque.

Le radeau péruvien

Au bord du lac Titicaca, à 3 800 m d'altitude, les Indiens construisent des barques de roseaux pour aller pêcher. Ils lient, avec des tresses, des paquets de roseaux. L'un formera le fond, les autres, les côtés.

Les pêcheurs péruviens remplacent parfois la pagaie (ici) par une gaffe munie de dents qui accroche les fonds vaseux.

La barque solaire de Kheops

Construite vers 2600 av. J.-C. pour les funérailles du pharaon Kheops, elle a été découverte, enfouie dans le sable, près de la grande pyramide de Kheops, à Gizeh.

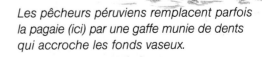

Ce navire est le plus ancien que l'on connaisse. Il devait transporter le pharaon dans son voyage après la mort.

LE TEMPS DES VOILIERS

Vers le XIVe siècle apparaissent les caravelles, de grands voiliers à hauts bords, avec 2 ou 3 mâts, et, plus grosses encore, les caraques.
Ce sont 3 caravelles qui porteront l'expédition de Christophe Colomb à la découverte du Nouveau Monde en 1492. Au XVIe siècle, avec sa coque plus fine, le galion est plus rapide. Les galions ramèneront en Europe les richesses enlevées aux Indiens d'Amérique. Pour rendre les vaisseaux plus performants, on construit des voiliers légers avec une grande surface de voilure, les goélettes aux XVIIIe et XIXe siècles, puis les clippers.

La bataille navale

Dès l'Antiquité, les navires s'arment contre les pirates et les bateaux ennemis. Lorsqu'il est attaqué, l'équipage lance flèches et brûlots, puis c'est l'abordage : sur le pont, les marins combattent corps à corps, à coups de massue et d'épée. Au XVe siècle, avec les canons, la tactique change. Lors de la bataille, les flottes ennemies défilent bord à bord en ligne (d'où le nom de « vaisseau de ligne »), et les canons tirent leurs bordées de boulets. Mais le combat se termine encore souvent par un violent assaut.

La bataille de Trafalgar a été la dernière grande bataille de navires à voiles. Elle a opposé la flotte anglaise, commandée par Nelson, aux navires alliés franco-espagnols. Cette célèbre bataille s'est engagée le 21 octobre 1805 au large de l'Espagne, près du cap de Trafalgar. Sur les 33 navires alliés, la plupart se sont rendus, d'autres ont réussi à s'enfuir et un a coulé, tandis qu'aucun bateau anglais n'a été perdu.

La goélette ▶

La goélette est un voilier léger et rapide, très maniable. Les premières ont 2 mâts, puis leur taille augmente pour lutter contre les navires à vapeur. Après 1880, on construit des goélettes à 4, ou même 6 mâts. Elles transportent du charbon, des céréales, du coton. L'*America*, la plus célèbre des goélettes, gagne en 1851 la régate de l'île de Wight, en Angleterre, et donne ainsi naissance à la célèbre America's Cup.

Le clipper ▶

C'est un grand voilier, étroit et effilé. Rapides, les clippers sont aussi d'excellents navires marchands ; vers 1850, ils vont chercher de la laine et de l'or en Australie. Puis, quand la Chine s'ouvre au commerce, commencent les grandes courses du thé, où les clippers rivalisent pour rapporter en Europe le premier thé de l'année.

Les jonques naviguent encore aujourd'hui en Chine et au Viêt-nam.

La jonque chinoise

Les jonques, utilisées à la fois pour le commerce, la pêche et la guerre, ont le plus souvent 3 mâts et 1 ou 2 voiles faites d'étroits panneaux de paille ou de joncs tressés. La coque est en bois de cyprès ou de camphrier. Robustes, les jonques de commerce peuvent accomplir de grands voyages, car elles tiennent bien la mer et s'orientent facilement par rapport au vent.

LES BATEAUX À VAPEUR

Dès 1783, le marquis de Jouffroy d'Abbans fit naviguer un bateau actionné par une machine à vapeur, mais c'était encore une curiosité expérimentale. Les bateaux à vapeur sont enfin pris au sérieux quand l'Américain Fulton construit le *Clermont* (1807). Propulsé par des roues à aubes, il met 32 h pour couvrir 240 km sur le fleuve Hudson. En 1838, on organise une course entre deux paquebots anglais : le *Great Western* de Brunel et le *Sirius* de Cork, qui traversent l'Atlantique uniquement à l'aide de la vapeur ; le *Sirius* arrive quelques heures avant le *Great Western*. Dès lors, la vapeur triomphe et remplace la voile.

Malgré ses grandes capacités, le Great Eastern *n'eut aucun succès commercial et ses armateurs furent ruinés.*

Les steamers du Mississippi

Les grands vapeurs du Mississippi avaient des roues à aubes. En tournant, les roues chassaient l'eau, faisant ainsi avancer le navire. Beaucoup de ces vapeurs, au lieu d'avoir deux roues sur les côtés, en avaient une seule, très grosse, placée à l'arrière. Ils étaient plus lents que les navires à hélice, mais leur exploitation était moins coûteuse. Ces *steamers* étaient à la fois des paquebots et des cargos, transportant des passagers et acheminant des marchandises, comme le coton par exemple.

Les steamers du Mississippi desservaient sur ce fleuve environ 50 escales, entre Memphis et la Nouvelle-Orléans.

◀ Le *Great Eastern*

Ce navire, le troisième construit par Brunel, fut mis à l'eau sur la Tamise le 31 janvier 1858. Entièrement en fer, il était le seul à avoir à la fois des roues à aubes, des hélices et des voiles. Ce géant des mers de 28 500 t, long de 211 m, devait pouvoir transporter jusqu'à 4 000 passagers ou 10 000 hommes de troupe vers l'Inde et l'Australie, et une cargaison de 6 000 t, à une allure de 28 km/h. Pendant 40 ans, il demeura le plus grand navire à flot. Mais ses résultats furent médiocres car ses moteurs n'étaient pas assez puissants. Sa seule réussite fut la pose du premier câble télégraphique transatlantique.

Le *Charlotte Dundas* ▶

En 1802, William Symington a mis au point un moteur destiné à un remorqueur, le *Charlotte Dundas*. Un seul cylindre entraînait une roue cachée située à l'arrière. Lord Dundas, gouverneur des canaux du Firth et de la Clyde, en Écosse, pensait que ce type de bateau remplacerait les chevaux de halage.

Les cuirassés ▶

C'est en 1860 qu'est construit le premier cuirassé : le *Gloire*. Sa coque est en bois doublé de plaques d'acier. Pour se protéger des canons de plus en plus puissants, les blindages sont de plus en plus épais. En 1900, le *Dreadnought*, cuirassé anglais à très fort blindage, armé de 10 canons, devient le modèle des cuirassés. Puis la marine anglaise construit, en 1909, 4 superdreadnoughts encore plus grands, mieux protégés et mieux armés.

Pendant la Première Guerre mondiale, ces cuirassés géants affronteront les croiseurs allemands.

Ci-dessus, l'Orion, l'un des quatre superdreadnoughts de 1909.

LES PAQUEBOTS

C'est en 1852 que les grands paquebots à vapeur commencent les traversées hebdomadaires de l'Atlantique. Vers 1890, quand les turbines remplacent les machines à vapeur, on construit des paquebots plus grands, comme le *Mauretania* (1907). Il gardera pendant plus de vingt ans le Ruban bleu, trophée accordé au navire le plus rapide sur la traversée de l'Atlantique. Après 1945, les paquebots, concurrencés par les avions, ne servent plus qu'aux croisières, aujourd'hui en plein essor. On construit alors des navires géants et luxueux qui peuvent, pour certains, transporter 5 000 personnes !

Ce géant anglais de 335 m de long, est aussi haut qu'un immeuble de 12 étages !

Lancé en 1960, le France, long de 215 m, compte 12 ponts et peut emporter 2 250 passagers !

Le Millenium peut accueillir 3 450 personnes dont 2 450 passagers.

1 - promenade
2 - casino
3- galerie de jeux
4 - café
5/6 - restaurants
7 - théâtre
8 - salle de spectacle
9/10 - piano-bar
11 - bar aquarium
12 - plage artificielle
13 - mur d'escalade
14 - terrain de sport
15 - minigolf
16 - pistes de rollers
17 - patinoire
18 - centre de remise en forme
19 - relaxation
20/21 - salon-bar
22 - salle de jeux
23 - bibliothèque
24 - salon panoramique
25 - cabines vitrées

Le *Queen Mary*

En 1936, il offre la traversée de l'Atlantique Nord la plus rapide et la plus luxueuse. Lors de la Seconde Guerre mondiale, il sert au transport de troupes. Reconverti en paquebot de luxe en 1945, il finit sa carrière à quai, comme musée.

Le *France*

Ce transatlantique est un confortable hôtel flottant. En treize ans, il fera 377 traversées de l'Atlantique et 93 croisières. Racheté par des Norvégiens en 1979, il effectue actuellement des croisières dans la mer des Antilles.

Le *Millenium*

C'est le plus grand paquebot jamais construit en France. Réalisé par les chantiers navals de l'Atlantique, le premier a été mis à l'eau en 2000. Il possède une petite centrale électrique associée à une turbine à gaz et à vapeur, ce qui le rend moins polluant. Il fait des croisières en Méditerranée et dans les Caraïbes.

Le Titanic

En 1912, la White Star Line lance un gigantesque paquebot à quatre cheminées, long de 268 m : le *Titanic*. Réputé insubmersible, il quitte Southampton pour New York le 10 avril 1912 : c'est sa première traversée. À bord, la vie s'écoule au rythme des fêtes et des jeux. Mais, dans la nuit du 14 au 15 avril, vers 23 h 45, le *Titanic* heurte un iceberg. Tel un ouvre-boîte géant, l'iceberg entaille la coque sur 80 m et l'eau s'engouffre dans le navire. Deux heures après la collision, le paquebot, brisé en deux, sombre dans l'eau glacée avec plus de 1500 passagers, qui n'ont pas pu trouver place dans les canots de sauvetage.

Des voyages de luxe

Les paquebots de croisière sillonnent les mers du monde, des Caraïbes à la Méditerranée et des fjords norvégiens aux îles du Pacifique. Les vacanciers embarquent pour des croisières de plusieurs jours ou quelques semaines, logés dans de confortables et luxueuses cabines. Sur plusieurs ponts sont répartis restaurants, bars, salons, galeries commerciales, théâtre, casino, salles de sport, piscines, minigolf... Lors des escales, les passagers découvrent les villes et les paysages des pays où le bateau accoste.

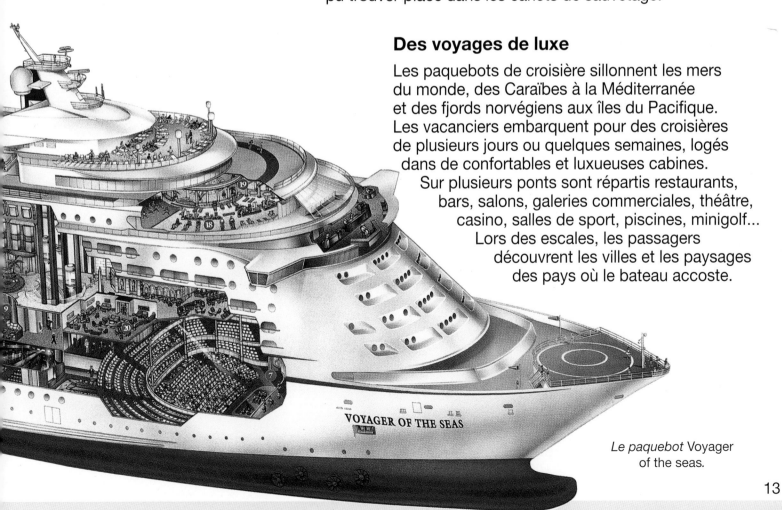

Le paquebot Voyager of the seas.

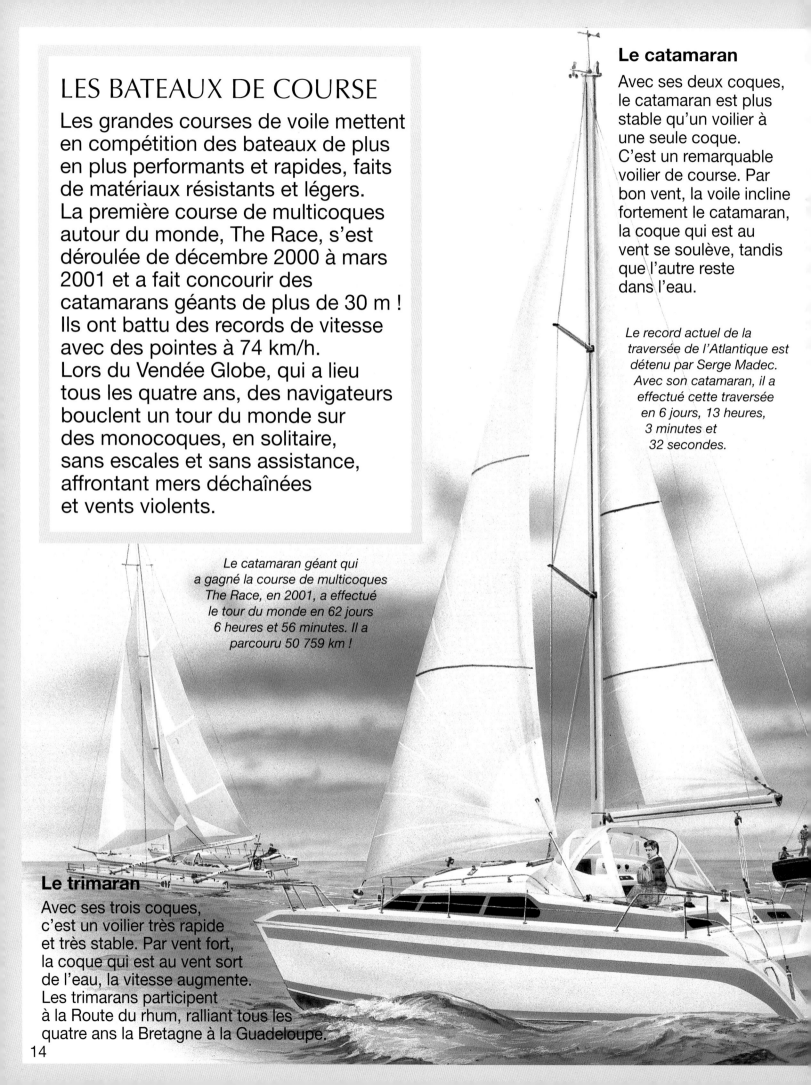

LES BATEAUX DE COURSE

Les grandes courses de voile mettent en compétition des bateaux de plus en plus performants et rapides, faits de matériaux résistants et légers.
La première course de multicoques autour du monde, The Race, s'est déroulée de décembre 2000 à mars 2001 et a fait concourir des catamarans géants de plus de 30 m !
Ils ont battu des records de vitesse avec des pointes à 74 km/h.
Lors du Vendée Globe, qui a lieu tous les quatre ans, des navigateurs bouclent un tour du monde sur des monocoques, en solitaire, sans escales et sans assistance, affrontant mers déchaînées et vents violents.

Le catamaran

Avec ses deux coques, le catamaran est plus stable qu'un voilier à une seule coque.
C'est un remarquable voilier de course. Par bon vent, la voile incline fortement le catamaran, la coque qui est au vent se soulève, tandis que l'autre reste dans l'eau.

Le record actuel de la traversée de l'Atlantique est détenu par Serge Madec. Avec son catamaran, il a effectué cette traversée en 6 jours, 13 heures, 3 minutes et 32 secondes.

Le catamaran géant qui a gagné la course de multicoques The Race, en 2001, a effectué le tour du monde en 62 jours 6 heures et 56 minutes. Il a parcouru 50 759 km !

Le trimaran

Avec ses trois coques, c'est un voilier très rapide et très stable. Par vent fort, la coque qui est au vent sort de l'eau, la vitesse augmente. Les trimarans participent à la Route du rhum, ralliant tous les quatre ans la Bretagne à la Guadeloupe.

Les monocoques

Dans la prestigieuse coupe de l'America s'affrontent des monocoques avec une voilure de 700 m² et une coque en carbone : les Class America. Ils sont longs (environ 25 m) et étroits (4 m max.) ce qui les rend plus rapides. L'ensemble de la compétition dure 4 mois et demi. La coupe Louis Vuitton, créée en 1983, sélectionne le meilleur équipage qui, comme challenger, affrontera le détenteur du titre de la coupe de l'America, appelé le defender. Le vainqueur est le premier qui remporte 5 régates (courses).

Le offshore

Les offshores sont des embarcations très rapides, à une ou deux coques, construites en matériaux composites pour résister aux grandes vitesses. Munis de très puissants moteurs, les offshores exposent leurs pilotes à de graves accidents quand ils font un flip, c'est-à-dire quand ils se retournent. Le pilote est donc protégé par un cockpit de sécurité. Il existe diverses compétitions selon les catégories d'offshores. Aux États-Unis, certains de ces appareils ont atteint plus de 300 km/h.

L'hydroptère

En échappant à la résistance de l'eau, un bateau peut aller beaucoup plus vite. Ainsi, l'hydroptère est un voilier filant à grande vitesse et qui survole l'eau. Agissant comme les ailes d'un avion, ses plans inclinés, les foils, soulèvent la coque hors de l'eau. Ce voilier a été lancé en 1994. Le modèle actuel a été perfectionné avec de nouveaux foils qui lui permettent de filer à 64,8 km/h.

La vitesse maximum atteinte par l'hydroptère est de 83,3 km/h.

LE TRANSPORT FLUVIAL

Depuis toujours, les voies navigables ont été idéales pour acheminer les marchandises. Dès l'Antiquité, à Babylone et en Égypte, on creusait des canaux. À la fin du XVIᵉ siècle, Léonard de Vinci installe les premières écluses. C'est grâce à elles que les transports fluviaux ont pu se développer. Aujourd'hui, malgré les trains, les camions et les avions, les transports par bateaux à fond plat subsistent car ils sont plus économiques, plus pratiques et moins polluants. La consommation d'énergie est cinq fois moindre que par la route et deux fois moindre que sur le rail.

Le halage

Pendant des siècles, les péniches ont été tirées par des hommes, puis par des chevaux qui suivaient le canal sur un chemin de halage. La vie des charretiers qui guidaient les chevaux était très rude. Ils pouvaient travailler 16 heures par jour ! Le halage des péniches a définitivement disparu au cours des années 60.

Les différents types de bateaux

Actuellement naviguent sur les fleuves des péniches et chalands équipés de moteurs pouvant convoyer de 200 à 2 400 tonnes. Dans les convois poussés, des barges (longues caisses d'acier sans moteur) sont accolées à un pousseur (embarcation à moteur). Ces convois, d'une capacité allant jusqu'à 5 000 tonnes, naviguent à une vitesse maximale de 18 km/h. Il existe aussi des barges à conteneurs et des barges pour le transport des voitures.

Des navires fluviaux maritimes peuvent passer des fleuves aux mers et effectuer des trajets plus lointains. Ils sont capables de relier Paris à Londres en deux jours.

Les marchandises

Sur l'eau sont transportés des céréales, des denrées alimentaires, de la houille, du pétrole, du fioul, des minerais, des matériaux de construction, des engrais, des produits chimiques et métallurgiques, de la pâte à papier, des véhicules. Ce type de transport est idéal pour acheminer des marchandises lourdes et encombrantes, comme des grues par exemple.

Barrages et écluses

Pour que les bateaux puissent naviguer toute l'année sur les fleuves et les rivières, on a construit des barrages. Ils transforment la rivière en une succession de plans d'eau appelés biefs, assurant une hauteur d'eau constante. Les écluses, situées non loin des ces barrages, servent d'« ascenseur ». Avec leurs systèmes de sas que l'on peut remplir ou vider par les portes amont ou aval, les écluses permettent aux bateaux de passer d'un niveau à l'autre. Autrefois, les éclusiers devaient manœuvrer les portes en bois par leur seule force en actionnant une manivelle. Aujourd'hui, les installations manuelles disparaissent au profit de systèmes électriques automatiques.

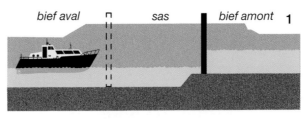

bief aval   sas   bief amont   **1**

Le bateau va entrer dans le sas, l'éclusier a ouvert les portes aval. Le sas et le bief aval sont au même niveau.

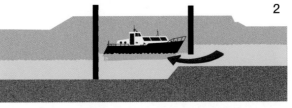

2

Les portes aval sont fermées, l'éclusier ouvre les portes amont petit à petit. Le niveau d'eau du sas monte et, avec lui, le bateau.

3

Les portes amont sont complètement ouvertes, le bateau est au même niveau que le bief amont. Il peut sortir.

Le tourisme fluvial

De plus en plus de vacanciers louent une pénichette ou un petit bateau de plaisance pour sillonner les canaux, fleuves et rivières, et découvrir ainsi une région différemment. Ces embarcations, dont la vitesse ne dépasse pas 13 km/h, s'utilisent sans permis. Pour protéger l'environnement, on met au point des bateaux électriques et électrosolaires (qui fonctionnent grâce à l'énergie solaire).

17

LES BATEAUX DE PÊCHE

Les bateaux varient selon les espèces pêchées et le temps passé en mer. Ils peuvent embarquer un seul ou plusieurs dizaines de marins pour des sorties (les marées) de quelques heures ou plusieurs semaines. Leur taille varie de moins de 12 m à plus de 100 m de long. Les plus nombreux sont les petits et grands chalutiers. Les gros thoniers senneurs, opérant dans les eaux tropicales de l'Atlantique et de l'océan Indien, capturent des bancs de thons grâce à des filets coulissants (les sennes). Avec une vingtaine d'hommes à bord, lors de sorties de 50 jours, ils peuvent ramener plus de 1 000 tonnes de thons.

Les différents types de pêche

La pêche industrielle est celle des gros chalutiers et des thoniers senneurs. Dans la pêche semi-industrielle, les bateaux (25 à 38 m) partent pour des marées d'environ deux semaines avec 6 à 10 hommes à bord. Dans la pêche artisanale, des bateaux de 16 à 25 m sortent pour une à deux semaines. Pour la pêche côtière, les bateaux (de 10 à 16 m) ne partent pas plus de trois jours avec 1 à 4 hommes à bord.

Le chalut

De la pêche artisanale à la grande pêche, le chalut est l'élément prédominant. C'est un filet en forme d'entonnoir traîné derrière le bateau. On distingue le chalut pélagique, tendu entre deux eaux (anchois, bars, dorades, harengs, maquereaux...), et le chalut de fond, qui racle les fonds marins (morues, aiglefins, limandes, merlans, raies...).

Actuellement, on met au point un système de grilles sélectives permettant de ne retenir dans les chaluts que les plus gros poissons d'une espèce en épargnant les plus petits.

18

La vie à bord d'un chalutier

Sur un chalutier, l'équipage est sans cesse occupé. Les tâches sont réparties : le patron du chalutier s'occupe de la navigation et des manœuvres. Sur le pont, les marins surveillent le chalut, le hissent à bord quand il est plein et le vident, tandis que d'autres, à l'intérieur du bateau, trient et stockent le poisson.

Dans les chalutiers de pêche fraîche (sorties de moins de 16 jours), le poisson est glacé. Il est d'abord trié à la main, puis déposé dans des bacs de glace. Dans les chalutiers restant plus de 30 jours en mer, les poissons sont triés par une calibreuse selon leur taille et congelés à bord.

On pêche nuit et jour et par tous les temps. Les moments de sommeil et de repos de l'équipage sont souvent très courts.

Le canot des Indiens

Autour des nombreux lacs du nord de l'Amérique, les Indiens se fabriquaient autrefois des canots en écorce d'arbre. Les pièces d'écorce étaient cousues avec des racines. Agenouillés sur le fond du canot, les Indiens parcouraient les lacs pêchant en tirant sur les poissons avec des flèches.

Un équipement moderne

Pour détecter les bancs de poissons, les chalutiers possèdent trois types d'appareils : le sondeur, qui émet des sons mesurant le fond et détectant ainsi la présence de poissons ; le sonar, qui fait le repérage tout autour du bateau ; et le radar, qui détecte, en surface, les rassemblements d'oiseaux au-dessus de bancs de poissons. Lorsqu'un banc est détecté, il est absorbé dans le chalut ; celui-ci est alors connecté à une pompe à poissons qui déverse la capture sur le pont.

Au Brésil

Certains marins brésiliens pêchent encore sur une planche à voile - la jangada - à plus de 50 km des côtes. Sur cette fragile embarcation munie d'une dérive et d'un aviron, ils s'attachent la nuit pour ne pas tomber à la mer.

19

LES TRANSPORTEURS

Les pétroliers, vraquiers et porte-conteneurs constituent la majorité du transport maritime. D'autres navires acheminent des produits chimiques, du gaz, du pétrole liquéfié, des colis lourds ou des voitures. Les premiers pétroliers datent des années 1870. Après la fermeture du canal de Suez en 1967, les pétroliers doivent faire le tour de l'Afrique. Apparaissent alors les superpétroliers embarquant jusqu'à 550 000 tonnes. En 1975, après la réouverture du canal, on revient à des pétroliers moins grands. Depuis quelques années, les normes de sécurité sont revues pour éviter les catastrophes écologiques de type « marée noire » en cas d'accident.

Les méthaniers

Ces navires ont d'énormes coupoles qui coiffent leurs citernes sphériques contenant du gaz liquéfié. Dans la coque sont ménagés de très larges puits où sont logées ces citernes. Les méthaniers peuvent transporter des milliers de m^3 de gaz liquéfié depuis les gisements du Moyen-Orient ou de l'Afrique de l'Ouest jusqu'en Europe, en Amérique ou en Asie.

Les nouvelles normes de sécurité imposent, depuis 1993, des pétroliers à double coque pour éviter le risque de « marée noire » en cas de collision. On prévoit aussi de renforcer les contrôles pour les pétroliers anciens qui circulent encore.

Sur ce pétrolier en marche, un hélicoptère peut se poser sur l'aire d'apontage pour apporter courrier et nourriture fraîche. Pour parcourir les 300 m du pont, on prend une bicyclette !

es porte-conteneurs

Dans les énormes cales du navire porte-conteneurs et sur le pont, on range des milliers de grandes boîtes en métal de 6 m sur 2 et hautes de 2 m. Elles arrivent à quai par train ou par camion et sont chargées à bord par des grues-portiques. Les porte-conteneurs sont un moyen de transport très sûr pour es marchandises. Dans les conteneurs frigorifiques, on peut transporter agrumes, légumes et produits surgelés. Parmi les nouveaux superconteneurs figurent des navires emportant jusqu'à 7 000 conteneurs.

Les conteneurs, tous de mêmes dimensions, sont empilés comme les cubes d'un jeu de construction, sans aucune place perdue.

Le pétrolier

Ce superpétrolier de 300 000 tonnes mesure 350 m de long. Toute la vie à bord est concentrée à l'arrière, dans le « château » qui abrite la passerelle de commandement (à 45 m de hauteur) d'où l'on conduit et surveille le navire, et les appartements des 30 membres de l'équipage. Comme les hommes vivent des mois à bord, on y trouve cuisine, cinéma, bibliothèque, salle de lecture, de sport, piscine... Dans le golfe Persique, en une journée, le pétrolier charge ses 300 000 tonnes de pétrole dans les soutes. Un mois plus tard, à la vitesse de 30 km/h, il arrive dans un des grands ports européens, spécialisés pour recevoir ces géants. Là, il est rapidement déchargé et il repart aussitôt car le séjour dans les ports coûte très cher.

LES SOUS-MARINS

C'est en 1896 qu'un Américain et un Français lancent un bateau pouvant avancer quelque temps sous l'eau, grâce à un moteur électrique. En surface, il était propulsé par un moteur Diesel. Pour plonger, on remplissait d'eau de grands réservoirs logés dans la coque ; on les vidait pour refaire surface. À partir de 1955, les premiers sous-marins nucléaires font leur apparition, ils sont capables de naviguer sous l'eau pendant des mois. À l'origine, les sous-marins avaient une fonction militaire ; aujourd'hui, ils servent aussi à explorer les fonds marins, leurs reliefs et leur faune.

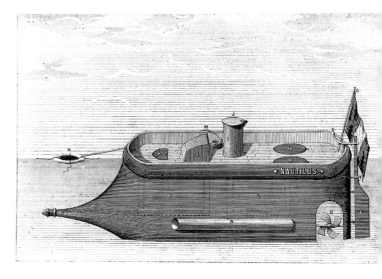

Le *Nautilus*

En 1798, en France, un inventeur américain, R. Fulton, dessine le Nautilus, destiné à soutenir la flotte française. Il est muni, à l'arrière, d'une hélice actionnée à bras. L'équipage de trois hommes peut y vivre trois heures et aller fixer, sous la coque d'un navire ennemi, une charge de poudre, pour la faire exploser à distance.

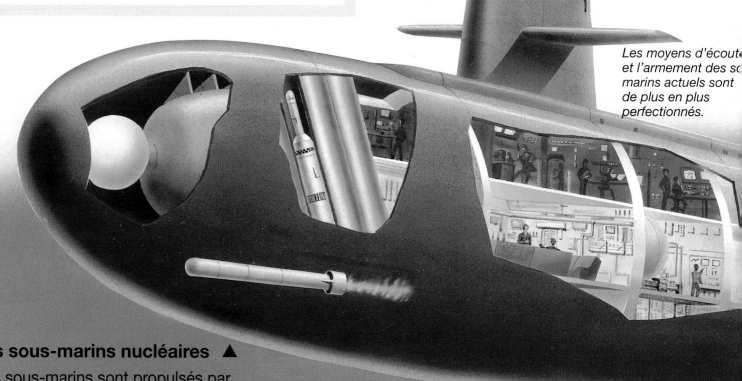

Les moyens d'écoute et l'armement des sous-marins actuels sont de plus en plus perfectionnés.

Les sous-marins nucléaires ▲

Ces sous-marins sont propulsés par des réacteurs nucléaires. La chaleur dégagée par ces réacteurs produit de la vapeur qui entraîne une turbine faisant tourner les hélices. Ces réacteurs silencieux fonctionnent sans air ; les sous-marins peuvent rester en plongée pendant des mois, ou même des années. Les nouveaux appareils sont plus grands, plus puissants, plus discrets (ils peuvent échapper aux moyens de détection). Les plus récents, les sous-marins nucléaires lanceurs d'engins (SNLE), peuvent tirer des missiles à têtes thermonucléaires multiples, d'une portée de plusieurs milliers de kilomètres.

L'exploration sous-marine

Les sous-marins habités ont permis d'explorer les fonds océaniques et de découvrir la vie sous-marine dans les abysses ainsi que des sources chaudes spectaculaires. Régulièrement, des missions d'exploration sont organisées pour s'approcher des dorsales océaniques. Ces sous-marins sont aussi utilisés pour la recherche et l'exploitation de gisements de gaz ou de pétrole, la localisation d'épaves, l'archéologie sous-marine...

La Tortue *a été construite en 1776 pendant la guerre d'Indépendance américaine. Ce fut le premier sous-marin à attaquer un navire de surface.*

Dans sa coque, l'unique occupant faisait tourner les hélices à la main et pouvait rester 30 mn sous l'eau.

Le Trieste 1, *construit en 1953 sur les plans d'Auguste et de Jacques Piccard, il détient encore aujourd'hui le record de plongée à 10 916 m de profondeur.*

Actuellement, des engins comme le Nautile d'Ifremer sont des appareils conçus pour des interventions jusqu'à 6 000 m de profondeur. Ils bénéficient de systèmes de transmission d'images, de sons, et d'un sonar panoramique. Depuis le sous-marin, on peut également télécommander un petit robot pour prendre des photos et des images vidéo d'endroits inaccessibles. Il existe aussi des engins inhabités, sans pilote capables d'aller plus profond, plus longtemps. Un poste de commande, situé sur un bateau en surface, assure le pilotage, le contrôle et les missions de l'appareil.

La sphère d'observation du Trieste 1, sous la coque, peut loger un pilote et deux observateurs.

Le Deepstar *4000 fut réalisé d'après les dessins du commandant Cousteau et lancé en 1965. Il pouvait opérer jusqu'à 1 200 m de profondeur. En son centre, il abritait un pilote et deux observateurs.*

Les grands sous-marins nucléaires accueillent plus d'une centaine d'hommes à bord et naviguent à environ 55 km/h.

LES PORTE-AVIONS

Les porte-avions ont permis d'inventer de nouvelles tactiques de combat naval. Ces véritables bases aériennes mobiles peuvent transporter sur toutes les mers du globe des flotilles entières d'avions capables d'attaquer des ennemis situés à des milliers de kilomètres. Dans les années 20, Anglais et Américains construisent les premiers porte-avions. Pendant la Seconde Guerre mondiale, 200 porte-avions sont utilisés. Aujourd'hui, en plus des porte-avions à propulsion classique, on construit des porte-avions à propulsion nucléaire offrant une plus grande autonomie.

Des ascenseurs assurent le transport des avions du hangar au pont d'envol.

Les porte-avions comportent, comme tous les aéroports, une tour de contrôle avec antennes et radars. Le commandant suit les apontages sur des écrans de contrôle. De son poste, il veille au bon déroulement des missions aériennes mais aussi à la sécurité et à la trajectoire du bateau.

Les grands porte-avions

Le plus grand porte-avions actuel est le *Georges Washington*, de la marine américaine. D'un déplacement de 100 000 tonnes, il est long de 333 m et haut comme un immeuble de 24 étages ! Son pont, large de 71 m, déborde de la coque. Il peut embarquer plus de 90 appareils. Depuis 2000, la marine française dispose d'un porte-avions nucléaire de nouvelle génération : le *Charles-de-Gaulle*. Avec ses 262 m de long, il peut emporter 40 avions de combat modernes, et effectuer une centaine de missions aériennes chaque jour. Il est capable de parcourir des centaines de milliers de miles nautiques (1 mile = 1 852 m) avant rechargement et d'atteindre une vitesse maximum de 50 km/h.

ur les porte-avions récents, le centre
e commandement dispose de
chniques ultramodernes capables
e détecter jusqu'à 2 000 cibles
multanément (avions, bateaux,
issiles). De puissants appareils
ermettent aussi d'échanger images,
ons et messages avec le reste de
armée et les centres terrestres répartis
ans le monde entier.

*Sur certains porte-avions, un avion
de chasse peut apponter toutes les
37 secondes, tandis que deux autres
appareils décollent.*

À bord
d'un porte-avions

C'est une véritable ville
flottante. On y trouve
tous les commerces
et services disponibles
à terre : cafétéria,
blanchisserie, bureau
de poste, hôpital...
Sur le *Georges
Washington*, qui
embarque 6 000 personnes,
les hangars situés sous
le pont peuvent être
transformés en salles
de sport.

*Cet avion surveille les
manœuvres du porte-avions.
Une fois sa mission
accomplie, il retournera
à sa base terrestre.*

La base aérienne et le pont d'envol

Sous le pont d'envol se trouvent les hangars,
les ateliers d'entretien et les soutes. Les missions
aériennes sont gérées par des systèmes informatiques.
Le *Charles-de-Gaulle* peut recevoir et catapulter
des avions de 15 à 25 tonnes. Ceux-ci peuvent être
lancés à une vitesse de 300 km/h et les lancements
s'enchaîner à 30 secondes d'intervalle. Sur les
nouveaux porte-avions, le bâtiment a été étudié
pour effectuer des manœuvres aéronautiques dans
des conditions météorologiques difficiles.

LES CAR-FERRIES

Les car-ferries sont conçus pour transporter des véhicules et des passagers entre deux côtes voisines. C'est en 1931 qu'un ferry traverse la Manche pour la première fois. Puis on construit des ferries de plus en plus grands et on invente de nouvelles techniques : en 1968 apparaît ainsi sur la Manche un aéroglisseur, l'hovercraft, qui navigue sur coussin d'air. À côté des ferries classiques, on développe aujourd'hui des navires à grande vitesse (NGV) effectuant des traversées en un temps record. Pour accroître leur vitesse, ils sont fabriqués avec des matériaux légers et équipés d'hydrojets ou de turbines à gaz.

Les grands car-ferries

Sur ces car-ferries, on trouve tout le confort possible : salons, bars avec vue panoramique, restaurants, salles de réunion, salles de jeux pour les enfants, magasins et, bien sûr, cabines de passagers. Pour embarquer autos, camions et bus, on ouvre de grandes portes métalliques à fermeture étanche, et les véhicules sont rangés sur des ponts superposés. Selon leurs dimensions, les car-ferries chargent de 300 à 550 véhicules et accueillent de 1 400 à 1 800 passagers. Leur longueur varie de 120 à 160 m et leur vitesse de croisière est de 35 km/h. Il faut 1 h 30 mn pour traverser la Manche entre Calais, en France, et Douvres, en Angleterre.

Les navires à grande vitesse, comme ci-dessus, sont propulsés par des hydrojets (une pompe aspire l'eau sous la coque et la rejette puissamment à l'arrière du bateau).

Grâce aux larges baies vitrées des HSS, tous les passagers peuvent admirer la traversée. Comme sur les ferries, on trouve à bord restaurants, salons, boutiques, salles de jeux, de télévison, de cinéma...

1 500 passagers à 74 km/h !

Le Stena HSS 1500, un ferry catamaran géant et rapide, est propulsé par hydrojets et turbines à gaz. 4 turbines à eau, rejettent l'eau comme des réacteurs d'avion éjectent l'air, lui permettant d'atteindre une vitesse de 74 km/h. D'une longueur de 120 m de long, il peut accueillir 1 500 passagers et 375 voitures. Il a été mis en service en 1995 sur la mer d'Irlande. Il ne lui faut que 1h30 mn pour relier les deux îles. Très stable, il offre un bon confort même par mauvais temps. Le HSS 900, plus petit, assure depuis 1996 la traversée entre la Suède et le Danemark.

TABLE DES MATIÈRES

LES PREMIERS BATEAUX **6**

LE TEMPS DES VOILIERS **8**

LES BATEAUX À VAPEUR **10**

LES PAQUEBOTS **12**

LES BATEAUX DE COURSE **14**

LE TRANSPORT FLUVIAL **16**

LES BATEAUX DE PÊCHE **18**

LES TRANSPORTEURS **20**

LES SOUS-MARINS **22**

LES PORTE-AVIONS **24**

LES CAR-FERRIES **26**

ISBN : 978-2-215-06605-7
© Groupe FLEURUS, 2001.
Conforme à la loi n°49-956 du 16 juillet 1949
sur les publications destinées à la jeunesse.
Dépôt légal à la date de parution.
Imprimé en Italie (07-07)